Paula Braun

Nicht wie du

Gedanken und Gefühle eines
Teenagers

© 2018 Paula Braun

Verlag & Druck: tredition GmbH, Hamburg

ISBN

Paperback   978-3-7469-5008-2

e-Book   978-3-7469-5009-9

Text: Hilferuf

Ich will hier raus.

Ich will hier weg.

Raus aus meinem Leben.

Raus aus dieser Welt.

Ich kann nicht mehr.

Ich möchte nicht mehr.

Nicht mehr in dieser verlogenen Welt existieren.

In mir schreit es Hilfe!

Hilfe, ich will hier raus.

Dies ist mein Hilferuf.

Selbstverletzen kann ja niemand hören.

Niemand kann meine Narben durch langärmelige Klamotten sehen.

Niemand weiß meine Geschichte ohne, dass ich es ihm erzählt habe.

In mir schreit es Hilfe!

Hilfe, ich will hier raus.

Dies ist mein Hilferuf.

Ich bin froh, dass niemand meine Gedanken lesen kann, sonst würde ja jeder Fragen "was los?" ist. Und darauf hab ich keine Antwort. Zum Lügen bin ich zu schwach, zu hilflos.

Denn dies ist mein Hilferuf.

Hilfe, ich will hier raus. In mir tobt ein Kampf.

Selbst die schönen Momente sind zu Drecksmomenten geworden.

Wenn ich nur könnte, würde ich in meine Vergangenheit reisen und nie wieder kommen.

Denn dies ist mein Hilferuf.

Hilfe, ich will hier raus.

Hier weg.

Ich bin kaputt, wie eine Vase die hingefallen ist, in tausend Scherben zerbrochen und es ist unmöglich diese Vase genauso wieder hin zu kriegen wie früher.

Als sie noch ganz war, war sie wunderschön.

Das ist mein innerlicher Hilferuf.

Innerlich zerbreche ich.

NEIN, ich bin schon zerbrochen und schrei, brüll nach Hilfe. Sonst keiner hört mich ja, außer ich mich selber. Ich schrei nach Hilfe, weil ich nicht mehr kann. Alle halten mich für krank, ob ich es bin weiß ich nicht, wie alles andere. Wenn ich nur könnte, würde ich hier weg.

Hier raus.

Denn dies ist mein Hilferuf.

Ja mein Hilferuf, den ja doch niemand hört.

Text: Nachtwünsche

Die Dämmerung bricht an und die Wünsche fangen an in mir zu brodeln. Die Einsamkeit wünscht sich jemanden herbei.

Ich möchte eine Person die bedingungslos zu mir "ich liebe dich" sagt und es ernst meint. Aber ich möchte sie auch ganz tief in mein Herz geschlossen haben. Ich möchte einen Menschen an meiner Seite haben, dem ich heulend in die Arme fallen kann, der mich stützt wenn ich mal wieder einer dieser depressiven Anfälle habe. Die mir sagt das sie ohne mich nicht leben kann, dass sie mich akzeptiert sowie ich bin mit all meinen Fehlern und ich ohne sie ebenfalls nicht leben kann.

Ich wünsche mir eine Person die fast immer bei mir ist und mich auf meinen Lebensweg begleitet egal wohin, sie soll mir bei meinen Entscheidungen helfen. Sie soll wie eine zweite Hälfte von mir sein, mit der man sich ohne sie nicht komplett fühlt und wenn wir uns dann wieder sehen ist es umso schöner, denn dann merkt man warten lohnt sich. Wenn beide Hälften wieder vereint sind. Ich vermisse eine Person die nicht existiert.

Text: Therapie

Ich bin nur irgendwer.

Eine von vielen.

Ein einziger Regentropfen unter all den restlichen Millionen.

In mir wirbelt ein Wirbelsturm, aber ich sitze nur stumm da.

Innerlich staut sich ein Meer voller Tränen an, aber ich gucke nur zum Fenster raus.

Ich spüre wie mir eine Träne die Wange herunter läuft und ich es einfach zulasse.

Mein Herz belastet von all meinen Problemen und Sorgen, ich merke wie ich wieder in ein tiefes schwarzes Loch stürze wo ich nichts gegen machen kann.

All meine Gedanken die ich tagsüber stark verdrängt habe kommen jetzt hoch. Und dann macht die Welt auf einmal keinen Sinn mehr. Ich erinnere mich an die Worte welche mir meine Psychologin gesagt hat, dass ich aufhören soll zu überdenken wie es wäre wenn oder über die Vergangenheit. Ich muss mir einfach einen Gedankenstopp machen. Ich denke an meine Vergangenheit zurück was ich alles schon erlebt habe, was ich alles schon durch machen musste. Aber ich muss aufhören

Text: Sehr spontan momentan

Ich bin kein Dichter oder Richter, aber möchte mehr sein, als nur ein Moment.

Ich möchte nicht irgendwann sterben und einfach in Vergessenheit geraten. Ich will noch so viel erleben, etwas von der Welt verstehen.

Vielen Menschen beistehen.

Einige Dinge gestehen.

Und doch hab ich mich versehen.

Weißt du?

Sehe zu, wie die Welt sich weiter dreht.

Und ich nur da steh.

In Gedanken verkrochen.

Mein ich zerstochen.

Nichts besprochen. Zu schnell gebrochen. Kann nicht zählen, wie oft versprochen.

Denk mir nur: "Die Welt macht mich krank, all diese festgelegten Aktivitäten." Ich frag mich wer ich bin, allerdings find ich mich auch nicht so. So lang schon auf der Welt und immer noch kein Held.

Abgesehen vom Geld.

Welches ich auch nicht besitze.

Du kannst dich nie frei fühlen wenn dich immer was belastet.

Eine Pizza kannst du tiefkühlen und das Problem ist beseitigt, jedoch bist du ein Mensch mit Fehlern.

Wie jeder hier, von uns auf dem Planeten.

Sowie von allen Raketen.

Meine Lippen angekaut, meine Haut von meinem Atem angehaucht, von der Katz angefaucht, von Geburt an geraucht.

Text: Silvesternacht

Manche feiern Silvester mit ihren Freunden, alleine oder mit der Familie.

Und ein Mädchen feiert widerwillig mit ihrer Familie.

Sie sind alle bei den Verwandten von den Mädchen, sie hatte sonst von niemandem das Angebot bekommen mit Silvester zu feiern, also blieb ihr nichts anderes übrig.

Das Mädchen ging allein kurz vor dem nächsten Jahr raus nur um bei Snapchat die Uhrzeit 0:00 nicht zu verpassen.

Es war soweit.

0:00 Uhr.

Sie hatte was sie wollte.

Sie schaute sich an, wie alle ihre Raketen los ließen.

Sie erschreckte sich vor den lauten Geräuschen die die Raketen machten.

Ihr liefen die Finger rot an und merkte wie kalt sie doch waren, aber das war ihr egal.

Von den lauten Geräuschen und der Tatsache, dass das nächste Jahr nun angefangen war, stiegen ihr Tränen in die Augen.

Sie zuckte zusammen, war schon wieder ein Knall.

Tapfer hielt sie sich die Tränen zurück.

Sie hatte Angst vor all dem was noch passiert.

Aber letztendlich muss sie mit ihrer Zukunft zurechtkommen und einsehen, dass es irgendwann soweit ist.

Und weißt du warum?

Denn dieses Mädchen bin ich, welches es wirklich gibt.

Text: Zeit

Ein Wimpernschlag. Ein Augenblick.

Ein Atemzug.

Eine Träne.

Ein Lächeln.

Ein Regentropfen.

Ein Sonnenstrahl.

Ein Flügelschlag.

Ein Schatten.

Eine Windböe.

Ein Gedanke.

Ein Moment.

Ein Schritt.

Ein Leben.

Du versuchst davon zu laufen.

Aber weißt du, die Zeit läuft dir davon.

Die Wege kannst du immer wieder gehen, die du gehst aber die Zeit ist jetzt und rast nur so an uns vorbei wie ein Auto.

Du kannst keinen Tag wiederholen.

Auch wenn du es versuchst, es geht nicht.

Zeit läuft und läuft.

Zeit tickt.

Ein Blick.

Ein Gefühl.

Ein Geruch.

Ein Geräusch.

Ein Geschmack.

Zeit ist so kostbar.

Du kannst dir alles kaufen.

Außer Liebe, Freunde, Zeit.

Zeit ist unausweichlich.

Zeit kommt.

Halte den Moment, den Augenblick, die Zeit so fest wie du kannst.

Denn Zeit ist vergänglich,

aber Erinnerung bleibt immer.

Text: Nicht wie du

Das größte was man einem Menschen schenken kann ist Freude, Glück und Liebe.

Denn wenn jemand dies nicht besitzt ist er arm.

Da nützen dir auch keine materiellen Gegenstände mehr.

Du kannst das neuste Smartphone haben, aber was bringt dir dies ohne Kontakte zu haben?

Wenn du nur zuhause rumsitzt?

Du kannst dir die neusten und besten Markenklamotten leisten. Aber trotzdem wird dir immer etwas fehlen.

Statt mit Freunden feiern, chillen, das Leben genießen sitzt du zuhause, wieder allein.

Du willst immer das neuste, beste Stück haben, was auf den Markt kommt.

Du versuchst ein schlankes Model zu werden, jedoch ohne Erfolg!

Weißt du, warum du immer nur das Beste willst?

Du willst den Anschein erwecken dazu zu gehören.

Deswegen hungerst du dich ab.

Du willst dir beweisen, dass auch du was kannst.

Aber weißt du die anderen werden immer was haben, was du nicht hast. - Das ist die Lebensfreude!

Das Lächeln wenn ein neuer Tag beginnt, das Strahlen in den Augen, wenn sie von gestern erzählen.

Dies hast du nicht.

Versuch nicht irgendwer bestimmtes zu sein oder nach zu ahmen, es tut dir nicht gut.

Probiere einfach du selbst zu sein.

Leb deine Gefühle aus. Der Wunsch jemand anderes zu sein macht dich nur kaputt.

Text: Freundschaft

Ich bin dankbar dich meine Freundin nennen zu dürfen!

Du bist nicht irgendwer, sondern meine Freundin und das darfst du nie vergessen. Es gibt jemanden auf der Welt der dich liebt, schätzt sowie du bist!

Wir machen gemeinsam Bilder und ich liebe die Fotos, nicht weil die Wiese im Hintergrund grün ist oder der Himmel so ein magisches Blau an sich hat.

Auch nicht weil ich anderen Menschen zeigen will das ich Freunde habe, um beliebt rüber zu kommen.

Der wahre Grund weshalb ich Fotos mit dir liebe, ist das ich so eine Person wie du bist an meiner Seite habe. Es steckt da noch so viel mehr hinter weißt du, du bist nicht auf dem Foto nur bei mir, sondern 24/7. Vielleicht auch nicht körperlich das du mich umarmen kannst, wenn ich eine Umarmung von dir brauche, sondern in meinem Herzen. Wenn ich mal Kummer und Sorgen habe, kann ich dir schreiben oder dich anrufen, du kommst im schlimmsten Fall auch nachts um 3 Uhr zu mir und tröstest mich. Manchmal ist alles was man braucht, ein Mensch der einfach da ist, nichts sagt und einen in den Arm nimmt. Und dann sieht die Welt mit dir schon wieder viel besser aus.

Aber mit dir kann man Pferde stehlen, über Brücken laufen und noch so viel mehr.

Es heißt Freundschaft weil man mit Freunden alles schafft!

Text: Kraft für dich

Sag dir: "Ich bin ein ganz wunderschöner, wunderbarer Mensch mit all meinen Fehlern!" Schmeiß negative Gedanken schnell weg.

Lass nur die schönen Gedanken deinen Kopf beherrschen.

Wenn schönes Wetter ist, geh raus ob allein oder mit noch jemandem. Es gibt so vieles was man in der Natur oder der weiten Welt unternehmen kann. Wenn schlechtes Wetter ist, mach drinnen was Schönes.

Nehm dir Zeit für Dinge, die du sonst vernachlässigst. Mach das, was dich glücklich macht. Das einzige was du nicht mehr ändern kannst, ist deine Vergangenheit!

Narben sind Erinnerungen, die wahrscheinlich ein Leben lang bleiben.

Aber bitte leg in deine Gegenwart und kümmere dich um deine Zukunft.

Sag dir: "Ich bin ein ganz wunderschöner, wunderbarer Mensch mit all meinen Fehlern!" Niemals wird die Zahl auf der Waage entscheiden, ob du glücklich sein darfst!

Dein Lebenswille entscheidet ob DU glücklich sein willst.

Glück ist eine erfreuliche Fügung des Schicksals und du entscheidest was du daraus machst. Und glücklich sein ist so wunderbar. Mit einer Speckrolle mehr oder weniger!

Das was du zu viel an dir findest, liebt ein anderer an dir!

Text: Gedankenwirrwarr

Ich renne, keuchend.

Ich renne in der Dunkelheit umher, ohne zu wissen wohin.

Aber ich stolpere über etwas.

Erschöpft lieg ich auf dem Boden, schwer atmend.

Meine Gedanken kreisen umher.

"Ich muss weiter."

"Ich muss weg."

Bevor ich noch entkommen kann umfasst mich eine kalte, eisige Hand.

Ich zucke zusammen.

Ich merke eine Klinge an meinem Handgelenk.

Ich wache schweiß gebadet auf mit Tränen in den Augen.

Ich schrecke hoch.

Versuche mich erst einmal zu beruhigen.

Ich realisiere den Traum.

Jemand wollte mich... umbringen!

Ich schwimme in einem See.

Der Moment wunderschön.

Tauche für einen Moment unter.

Nichts mehr hören.

Aber dann komm ich nicht mehr hoch.

Ich versuche mich hoch zu drücken- geht nicht.

Ich muss unten bleiben.

Aber meine Luft wird knapp.

Irgendwas, Irgendwer hält mich unten fest.

Ich strampele um mich herum.

Ich brauche Luft.

Verdammt nochmal.

Ich öffne meine Augen, sehe einen klaren, blauen Himmel. Ich spüre das saftige Gras. Ich liege in einer Blumenwiese. Ich muss eingeschlafen sein.

Ich schüttele meinen Kopf.

Weiß ich überhaupt noch wer ich bin?

Waren die Träume,

Träume oder Realität ?

Ich weiß nicht mehr was ich fühlen, denken, wissen soll.

Und die Suche nach mir selbst, verfolgt mich weiterhin.

Text: Verzweifelt

Wie verzweifelt bitte muss eine Person sein, die sich Suizid über alles wünscht?

Eine Person die keinen Ausweg mehr für ihr Leben hat, außer den Selbstmord, um sich immer aus dieser Welt zu befreien.

Um aus dieser Welt raus zu gehen.

Früher hatte die

Person so viel Lebensfreude, sie war so unendlich glücklich ohne, dass sie es wusste.

Früher waren ihre Träume

Tierarzt zu werden,

Schriftstellerin oder vielleicht Modedesignerin, sie wusste noch nicht genau, aber eins stand fest "Karriere machen" und "groß rauskommen" vielleicht als Tierarzt.

Viele Tiere retten oder auf einer Bühne stehen, im Fernsehen sein vor vielen Leuten etwas erreicht haben.

Die frühere Person steckte so voller Lebensfreude und Inspiration.

Plötzlich kam was dazwischen... das alles veränderte.

Alles!

Und heute glaubt die Person an die Sätze "Es wird alles wieder gut" oder "das hier ist nur eine Phase, die vorüber geht" nicht mehr. Sie wird jeden Tag wieder erneut runter gemacht.

Sie ist eiskalt.

Diese Person redet nicht gerne über ihre Probleme, sie fragt andere was los ist und baut sie auf. Sie spricht ihnen gut zu, dass alles wieder gut wird.

Sie fühlt sich als ein Versagermädchen.

Sie hat schon so viel Scheiße durchlebt. Diese Erinnerungen, sie kommen immer wieder hoch.

Sie zahlen es ihr Tag für Tag immer wieder Heim.

Ein Schlag in die Fresse.

Schlimmer.

Für sie macht das Leben keinen Sinn mehr.

Selbst schöne Momente machen sie runter, denn sie weiß wenn sie bereits vorbei sind werden sie nie wieder kommen.

NIE!

Sie verkraftet dieses 'nie' einfach nicht.

Diese Person möcht es nicht wahr haben das schöne Momente vorbei gehen.

Und dann bricht sie abends heimlich in ihrem Zimmer einfach so in Tränen aus.

Diese Person leidet unter Depressionen. Ihre Träume sind zerplatzt, kaputt wie sie.

Ich muss dir gestehen diese Person der alles zu viel ist, bin ich.

Text: Für Oma

Liebe Oma, diesen

Text widme ich einzig und allein dir. Ich bin ein kleiner Fisch und du lässt mich nicht im Stich!

Ich möchte das was ich dir jetzt sage, jedes einzelne Wort soll sich in dein Herz einbrennen wie ein glühendes Hufeisen!

Heute zu deinem runden Geburtstag verdienst du nur das Beste, sowie jeden Tag, denn das andere wäre alles Quark.

Und weißt du warum?

Weil du meine beste Oma bist!

Okay ich gebe zu, ich habe immer nur dich als einzige Oma gehabt, aber in meinem Herzen ist auch nur für dich Platz.

Bei dir hab ich immer einen Futterplatz, mein Schatz.

Ich bin stolz dich zu haben.

80 Jahre ist ein Alter

Oma sei stolz wie Holz diese 80 erreicht zu haben.

Du kannst mir von der Welt erzählen, erzählen wie es damals war.

Nach meinem 2 Cousins den 2 Rabauken hatte der Storch erbarmen und brachte endlich ein Mädchen in deine Arme.

Weißt du noch wie du mich zum ersten Mal in den Armen hieltest, Dir ein strahlendes Lächeln nicht verkneifen konntest?

Damals musstest du dich bücken, heute kann ich dir die Kirschen pflücken.

Erinnerst du dich noch an die Kunstwerke die wir zusammen erschaffen haben?

Aber auch noch so vieles mehr was wir zusammen gemeistert haben. Fakt ist: Du machst den besten Auflauf da sauf ich einen drauf.

Eins teile ich dir noch mit: blaue Augen, roter Mund Liebe Oma bleib Gesund.

Herzlichen Glückwunsch zu deinem Geburtstag.

Bleib sowie du bist.

Ich hab dich lieb.

Text: Vergesst nie zu lachen

Du kennst sicher die Erinnerung als du psychisch am Boden zerstört warst, weil dir einfach alles zu viel ist.

Alles kommt dir so anstrengend vor.

Du sieht die Welt nur noch als eine graue Wolke.

Du kommst mit deiner jetzigen Lebenssituation gar nicht mehr zu recht, es überfordert dich.

Du sitzt im Bus, siehst die Welt an dir vorbei rauschen, starrst in die Leere, hast Tränen in den Augen.

Du zwinkerst diese schnell weg, dass es keiner merkt.

Denn es ist dir peinlich, dass man dich weinen sieht in der Öffentlichkeit.

Aber warum eigentlich?

Deine Gedanken, Erinnerungen haben dich mal wieder fertig gemacht.

Du hast sie siegen lassen. Aber ich sag dir, es zeigt so viel Stärke mit Tränen in den Augen andere Leute anzusehen und sich nicht zu verstecken.

Wie du es immer tust.

Du möchtest aufgeben.

Sofort irgendwo von einer Brücke springen.

Einschlafen und nie wieder aufwachen.

Die schreckliche Kraftlosigkeit verfolgt dich ununterbrochen.

Du musst aus dir heraus kommen.

Wie die Sonne durch die Wolke kommen muss.

Bekämpf diese düstere Wolke.

In diesen Momenten wo dir alles sinnlos, hoffnungslos vorkommt. Genau in den Momenten musst du anfangen zu lachen. Stell dich vor einen Spiegel und fang an zu lachen, als ob es nichts Lustigeres gibt.

Weißt du, du darfst nie das Lachen verlernen.

Du darfst nie vergessen wie man lacht.

Lachen ist so wichtig.

Lachen ist Therapie.

Text: Knicklichtwunsch

Weißt du früher als du noch ein kleines Kind warst, hast du mit Salzstangen so getan als ob du rauchen würdest, du hast dich immer cool und gleichzeitig so böse gefühlt.

Und heute als Jugendliche rauchst du richtig mit einer Zigarette und den giftigen Stoffen.

Wir lassen Sektkorken steigen um ein Gefühl von Freiheit zu kriegen.

Wir knicken Knicklichter um uns zu definieren.

Früher wolltest du immer erwachsen und groß sein, du dachtest als Erwachsener ist alles so einfach, gut.

Jetzt bist du schon jugendlich und es ist alles viel schwerer geworden. Du kannst dir es als Erwachsener nicht vorstellen und wünschst dir insgeheim doch die Kindheit wieder zurück, aber es macht dich auch traurig, da du mittlerweile weißt, dass du nie wieder Kind sein darfst.

Und weißt du, dass allerschlimmste von der Sache ist, dass du nicht bereit bist um bereit zu sein.

Wir liegen auf Blumenwiesen, schauen uns den Sternenhimmel an und wünschen uns die Vergangenheit zurück. Aber so lange wie wir uns die Vergangenheit zurück wünschen passiert nichts neues was den Moment unvergesslich macht.

Wir lassen uns zu schnell ein.

Wir machen uns zu klein.

Wir vertrauen zu viel.

Das Leben ist ein Kartenhaus und die Zeit zieht die Karten raus und aus.

Text: Entscheide dich zum

Leben, Lieben, Lachen

Ein Auto braucht Sprit um zu funktionieren, um Menschen von A nach B zu befördern.

Wenn beim Auto der Tank leer ist, wird es selbstverständlich nachgefüllt.

Ohne Sprit läuft es nicht.

Du als Fahrer beispielsweise brauchst das Auto ja, um kurze oder auch lange Strecken zu fahren. Um spontane oder geplante Touren zu erleben.

Warum ich dir das alles erzähle?

Da du dies alles schon weißt und als selbstverständlich ansiehst, möchte ich dir klar machen, dass dein Körper genau das Auto ist.

Ohne Sprit fährt es nicht. Und ohne Nahrung läuft unser Körper nicht.

Du kannst von einem Auto nicht verlangen das es fährt ohne Sprit und genauso ist es auch mit deinen Körper.

Du kannst abnehmen, viel abnehmen. Du möchtest ja "dünn" sein, aber man wird nie dünn genug sein. Du wirst immer 'fett' an dir finden.

Und wenn du bei Untergewicht angekommen bist, kommen die Schattenseiten, die du nicht kennst.

Woher auch?

Erst langsam bis hin zum Tode.

Dein Körper zahlt dir dies heim.

Du bist nicht mehr so kräftig, schnell erschöpft.

Kapselst dich langsam, aber sicher von allem ab.

Deine Haare fallen dir aus.

Du bist schlecht gelaunt.

Deine Lebensfreude wird dir geraubt, du verpasst dein wunderbares Leben, welches ein Geschenk ist.

Bei den Mädchen kann die Periode ausbleiben und dies führt bis hin zum Tod.

Was möchtest du machen wenn du "dünn" bist?

Die Anorexie ist deine beste Freundin geworden und du hast all deine anderen Freundinnen verloren.

Du kannst keine schönen Momente mehr erleben, da du zu schwach für diese dann bist.

Du musst dein Auto und Körper pflegen.

Du möchtest, dass dein Auto fährt, wenn du es verlangst. Also musst du auch deinen Körper mit all deinen Organen, Zellen, etc. füttern wenn du jeden Tag leben möchtest, als wär's dein letzter. Komm heb dein Hinterteil und fang an zu leben!

Text: Leben ist ein Chaos

Weißt du wie du zu leben hast?

Weißt du, dass manche Sachen unmöglich sind?

Wir wollen die Zeit anhalten.

Anhalten wollen wir die Zeit.

Durchhalten müssen wir.

Zusammenhalten sollten wir.

Abhalten sollten wir all' die negativen Dinge und vor allem unsere Gedanken.

Halte das zurück was dich runter macht.

Halte das hoch was dich glücklich macht.

Lass es jeden spüren, indem du einfach lächelst.

Ein Lächeln überzeugt alles. Lächeln tut gut.

Wir müssen durchhalten.

Durchhalten müssen wir.

Wir wollen die Zeit anhalten.

Anhalten.

Das Leben hat keinen bestimmten Sinn, sondern nur den, dem du deinen Leben gibst.

Gib deinem Leben einen bestimmten Sinn.

Wir wollen die Zeit anhalten.

Anhalten wollen wir die Zeit.

Durchhalten müssen wir.

Zusammenhalten sollten wir.

Stiche die nicht bluten tun mehr weh als andere.

Zeig diesem stechenden Schmerz, dass du stärker bist und es kannst!

Wir wollen die Zeit anhalten.

Anhalten wollen wir die Zeit.

Durchhalten müssen wir.

Wir müssen durchhalten.

Zusammenhalten sollten wir.

Wir sollten zusammenhalten.

Abhalten sollten wir all die negativen Dinge und vor allem unsere Gedanken. Mal dir dein Leben kunterbunt lila gelb.

Text: Abend Gedanken

Wenn du nur wüsstest, wie es mir momentan geht.

Wenn du nur wüsstest, wie ich heute über dich gelästert habe und dich lächerlich finde.

Wenn du nur wüsstest, was ich so treibe.

Wenn du nur wüsstest, mit wem ich alles so rede.

Wenn du nur wüsstest, wie ich mich verändert habe.

Wenn du nur wüsstest, dass ich auch über dich nachdenke.

Wenn du nur wüsstest, wie gerne ich mich mal wieder mit dir treffen würde.

Wenn du nur wüsstest, das ich mich vernachlässigt fühle.

Wenn du nur wüsstest, wie viel ich immer alles gebe.

Wenn du nur wüsstest, wie sehr ich Fernweh habe.

Wenn du nur wüsstest, dass du immer alles runter spielst und es schon schlimmer ist.

Wenn du nur wüsstest, dass ich mich nicht immer melden will.

Wenn du nur wüsstest, wie hässlich ich dich finde.

Wenn du nur wüsstest, das ich Angst habe.

Wenn du nur wüsstest, dass ich zweifle.

Wenn du nur wüsstest, dass ich einfach aufgeben will.

Wenn du nur wüsstest, das es mich verletzt.

Wenn du nur wüsstest, was ich alles so in meinem Leben für Ziele habe.

Wenn du nur wüsstest, was ich so liebe.

Wenn du nur wüsstest, wie ich mich so entwickele.

Wenn du nur wüsstest, dann wüsstest du was.

Text: 2 Leben

Das erste Leben stell es dir so vor: Du wirst von allen Jungs gehasst, weil du eine falsche Sache gesagt hast du wirst deswegen von ihnen nachgeäfft. Erst findest du es noch nicht so schlimm, aber dann wird's schlimm, immer schlimmer.

Du hältst es in der Schule nicht mehr aus, aber weißt du? Lehrer und ein paar Mädchen magst du und sie mögen dich.

Du kommst nach Hause siehst deinen Vater und ihr esst gemeinsam Mittag und du vergisst das was in der Schule los ist.

Nein du vergisst es nicht, du verdrängst es nur.

Nun ist es verdrängt und du genießt den restlichen Tag mit etwas schönem.

Am Abend kommt das alles wieder hoch was in der Schule los ist und was du bis jetzt verdrängst hast.

Die Gedanken sagen dir

"Du bist scheiße!"

"Du bist hässlich!"

"Du bist fett!"

"Komm ritz dich doch."

Du glaubst dies und bist dann der Meinung, dass du sterben solltest, deine Suizidgedanken kommen dazu.

Du kannst nicht wieder stehen und verletzt dich selbst.

Das zweite Leben kannst du dir so vorstellen:

Du bist gerade erst in eine neue Schule gewechselt du hast schon einige nette Leute gefunden.

Du versuchst bei allen Mädchen mal zu sein- nicht nur bei bestimmten.

Du hörst, dass einige Jungs auf dich stehen.

Die Lehrer machen auf dich allgemein einen netten Eindruck.

Du verabredest dich nach der Schule mit einem Jungen und ihr esst gemeinsam zu Mittag ihr redet aber mehr, er ist nicht hässlich im Gegenteil.

Mit ihm ist es kompliziert, aber in seiner Gegenwart fühlst du dich schon sehr gut.

Du hast den Eindruck, dass deine Mitschüler dich gut aufgenommen haben, auch wenn du nochmal hin und wieder alleine gehst.

Du hast oft diese Freiheitsgefühle, aber auch kleine Probleme.

Du fährst viel Bus also kannst du viel Musik hören.

Aber im Großen und Ganzen bist du mit der neuen Schule zufrieden.

Du genießt die laute Musik die in deinen Ohren pulsiert.

Und welches der beiden Leben findest du schöner?

Das erste oder das zweite?

Richtig, das erste hört sich zu grausam an um damit einen längeren Zeitraum zu leben, also bevorzugst du das zweite.

Aber weißt du die beiden Texte sind nicht von verschieden Menschen es ist ein und die gleiche Person diese Storys hab ich wirklich erlebt.

Ich habe einen kompletten Neuanfang gemacht ich habe mich getraut in eine neue Schule zu wechseln.

Ich fühl mich lebendig.

Ändere etwas in deinem Leben wenn du nicht zurechtkommst sowie es ist.

Text: Teddy

Ich möchte dir eine Geschichte erzählen.

Ein Kind möchte sich einen Teddy kaufen, es überlegt Wochen.

Es gibt einige Vorteile, aber auch viele Nachteile, die es bedenken muss.

Das Stofftier ist etwas langweilig, es könnte farbenfroher aussehen. Vielleicht eine andere Alternative für den Teddy suchen?

Es gibt zahlreiche andere Stofftiere.

Sooft hat es den Teddy in seiner Umgebung noch nicht gesehen. Wahrscheinlich hat es das Geld für den Teddy, aber lohnt sich das Geld dafür?

Es möchte nicht allen Menschen in seine Überlegungen mit einbeziehen, denn sie könnten ihm nur abraten oder es nach kaufen. Dann ist die Individualität weg. Es möchte das Geld nicht für Unnützes ausgeben, wenn es in einem Jahr bessere Sachen gibt. Aber gibt es nicht immer etwas Besseres?

Aber irgendwie hat es doch das Verlangen nach dem Teddy. Das Kind könnte das Stofftier abends in den Arm nehmen und sich an ihn klammern.

Es könnte den anderen stolz erzählen, dass es sich den Teddy gekauft habe.

Eine Entscheidung die vieles beeinflussen kann.

Und jetzt wechsle das Wort "Teddy"

Text: Du

Du brachtest mich aus der Regenwelt und hast mir die Sonnenwelt geschenkt. Du hast mir gezeigt, wie Leben sich anfühlen kann als wir gemeinsam feiern in der Disco waren und davor in dieser Hütte gesessen haben und einfach geredet haben, danke dafür ich werde es nie vergessen und noch paar weitere Momente.

Du warst mein Regenbogen im Regen.

Mein Segel auf dem Segelschiff und hast mich durch das tiefe, weite Meer geführt.

Du warst meine Blumenwiesen an grauen, kalten, Tagen.

Du warst mein Gedanke, auch wenn ich Gedankenlos war.

Du warst mein zuhause.

Ich habe oft mit dir gelacht oder auch nur wegen dir gelächelt.

Ich weiß noch als ich angefangen hatte in deinen Armen zu heulen und du mich getröstet und beruhigt hast.

Plötzlich aus der Sonnenwelt hast du mich im Unwetter stehen gelassen.

Einfach so.

Du hast mich allein gelassen im Regen,

Ich war dem Regen ausgesetzt ohne Regenschirm oder anderen Schutz.

Erst leise donnern und dann trafen mich viele Blitze.

40

Ich war abhängig geworden wie eine Droge von dir.

Ich muss wieder alleine laufen lernen mit all dem Unwetter um mir herum.

Text: Schwarzer Regen

Melancholie, "der Zustand, dass man traurig und leicht deprimiert ist, sowie wenig Freude am Leben hat", so beschreibt es Wikipedia. Und du hast mich einzig und allein zu einem melancholischen Menschen gemacht.

Ich bin ein Meer voller Tränen, der Sturm voller Gefühle sucht sich seinen Weg und die Zerbrechlichkeit von der Vase die man anschließend mit Pflastern kleben muss.

Ich steh auf und fall wieder hin. Ich spüre deinen Atem, deine Brust- Einbildung.

Ich sitze alleine nur auf dem Boden im dunklen Raum. Weißt du, als du sagtest es wäre so als würden in dir tausend Blumen erblühen und ich stimmte dir zu. Aber alle meine Blumen sind mit einem schwarzen Regen überdeckt worden. Und der schwarze Regen bleibt unerbittlich, nicht so wie du, der schnell wieder geht. Nun ist der schwarze Regen ein Teil von mir, er ist in meinem Kopf und lässt meine Gedanken schwarz werden. Tropfen für Tropfen. Jeder einzelne Tropfen, der fällt ist Hoffnungslosigkeit die zu Boden fällt und andere Farben kennt der Regen nicht- es ist der schwarze Regen.

Und nun versuche ich mich zu erheben und schaffe es aus einer unerklärlichen Kraft. Ich fange einfach an im Regen, der tatsächlich fällt und in meinem Kopf ist, zu tanzen ohne nachzudenken. Plötzlich fühle ich mich so schwerelos wie ein Blatt welches in der Luft seine Runden dreht und auf niemanden achtet.

Alles wirbelt nur um mich.

Text: Sei wie du bist

Sie sagen: "Du bist zu viel am Handy, unternehme mehr draußen mit Freunden."

"Du hast schon zugenommen, du solltest mehr Sport machen." haben sie gesagt.

Sie erzählen: "Du bist nervig."

"Du bist hässlich" reden sie über dich.

Tausend Beleidigungen schwirren dir im Kopf umher. Du fängst an die Wörter zu glauben.

Aber wer sind "sie" überhaupt?

Ja mit "sie" ist die Gesellschaft gemeint.

Aber du bist DU! Du bist derjenige, der dein ganzes Leben mit dir verbringt. Du musst anfangen dich selbst zu lieben!! Du musst deine negative Sichtweise in positive Gedanken umwandeln. Es ist dein Body! Schäm dich für nichts, es ist einzig und allein dein Körper indem du leben musst. DU BIST WUNDERVOLL!

Text: Das Leben wie Eis

Stell dir vor dein Leben ist ein zugefrorener See.

Jedes negative Ereignis lässt es schmelzen und jedes positive etwas mehr einfrieren. Ein ständiges auf und ab, welches dein Leben bestimmt. Wenn das Eis fest ist können die Ereignisse mit Steinen auf das Eis fallen und man hört nur leichte Knicke, denn es ist stabil und friert schnell wieder ein. So machen die Steine dem Eis nichts. Dies spiegelt ein "schönes" Leben wieder. Aber wenn das Eis schon labil ist, weil etwas zu viele Steine auf das angeschmolzene Eis gefallen sind, ist jeder weiterer Stein ein Risiko bis es später komplett einbricht. Wenn sich ein großer Riss im Eis befindet ist es schwer, dass es wieder einfrieren kann mit all den Knicken. Es fängt an in sich zusammen zu brechen. Nun hört man die Steine mit einem knick-knack auf das Eis stürzen.

Jedes knack ist ein Riss und jeder Riss ist ein Stückchen weiter in den Tod.

Text: Gedanken

Gedanken.

Kann man beschreiben, herschreiben, verschreiben, hinschreiben.

Und doch weißt du immer noch nicht was es sein soll.

Gedanken quälen.

Gedanken texten ein Text.

Die Gedanken sind wie Wolken.

Sie benebeln deinen Kopf oder die Sonne befreit deinen Kopf und du bist gedankenlos.

Lass die Gedanken wie Wolken an dir vorbei ziehen

Zu viel gedacht.

Zu wenig gemacht.

Gedanken kontrollieren.

Sie steuern jeden Weg.

Ohne Gedanken kein Weg.

Kein Weg ohne Gedanken.

Fragst du dich nicht auch manchmal was wären wir nur ohne Gedanken?

Würde die Welt trotzdem noch funktionieren?

Sind deine Gedanken dein Ich?

Gedanken kontrollieren.

Gedanken steuern jeden Weg.

Jeden Weg steuern Gedanken.

Sind meine Gedanken mein ich?

Oder wer bin ich überhaupt?

Sind Gedanken alles nur ausgedachte Phänomene?

Ein Blick.

Ein Gefühl.

Ein Geruch.

Ein Geräusch.

Ein Geschmack.

Und der Gedanke existiert immer noch.

Von mir sind ein Teil die Gedanken.

Ein Teil von mir sind meine Gedanken.

Ich bin so wie ich bin mit meinen Gedanken.

Mit meinen Gedanken bin ich so wie ich bin.

Ohne Gedanken kein Weg.

Kein Weg ohne Gedanken. Führe als erstes dein Herz und nicht deine Gedanken.

Erhebe dein Denken und denke sehr positiv über dich.

Gedanken.

Ein Wort mit großer Bedeutung!

Text: Tränenregen

Da lief der Regen, als wäre mein Gesicht

Mutter Natur. Jede Träne hat einen bestimmten Grund, eine bestimmte Bedeutung, eine bestimmte Geschichte.

Verdrängt hab ich sie, bevor es zur 1001 Träne wurde.

Es war ein falsches Lied.

Ein falscher Gedanke.

Ein falsches Gefühl.

Ein falscher Augenblick.

Jetzt ist es zu spät und ich lasse es zu das weitere Tränen folgen.

Es ist wie ein Tropfen beim Regen.

Erst einer und dann kommen mehr und mehr.

Träne für Träne.

Noch bevor ich das falsche Lied umschalten kann fall ich schon zu Boden.

Ich bin vom Stuhl zu Boden gestürzt.

Einfach so ohne es zu bemerken.

Ich lehn mich an die Wand hinter mir.

Zieh meine Beine zu meinem Körper.

Ich lege mein verheultes Gesicht sanft auf meine Knie.

Ich merke wie ich wieder anfangen muss zu weinen.

Ich lass es einfach zu.

Mein Mund schnappt nach Luft.

Ich versuche mich zu beruhigen.

Meine linke Hand streicht durch meine Haare.

Ich zieh meine Beine ganz fest an mich.

Wie ein nichts.

Meine Tränen tropfen auf meine Klamotten wo schon andere nasse Tränen sind.

Es war mal wieder einer dieser Tage.

Jeder Regenbogen braucht auch Regen flüstere ich kaum hörbar in die

Stille.

Von einer Träne ist nicht die Flüssigkeit das schlimme sondern die Gefühle die man in dem Moment fühlt, denn eine Träne besteht aus 1% aus Wasser und 99% aus Gefühlen die ausgeschüttet werden.

Du musst dich nicht schämen, dass du weinst.

Du musst dich nicht schämen, dass du Gefühle in der Öffentlichkeit zeigst.

Sehe es als Stärke an dir persönlich.

Du bist so stark.

Es hat noch keinem geschadet mal zu heulen, denn danach schöpfst du neue Kraft und siehst, dass es doch weiter geht, vielleicht nicht sofort, aber bald.

Darauf wette ich mit dir. Jeder Regen lässt einen etwas Neues realisieren.

Guck dem Licht ins Auge.

Text: Träume

Ich will fliegen, auf Wolken liegen, aber ich bin nicht geflogen, sondern habe doch nur gelogen.

Ich will lieber mit dir high sein und frei sein. Ich möchte mit dir Dächer besteigen, einfach nur sitzen, nie wieder ritzen, den Ausblick sehen der bis zum Horizont ragt.

Ich möchte mit dir den Sternenhimmel bewundern, übers Sterben und all' über die tiefgründigen Dinge reden. Die man über den Tag hinweg nicht besprechen kann.

Mit dir kann ich wach bleiben bis die Sonne wieder aufgeht und aufstehen.

Dieser himmlischer Duft von der Luft, möchte ich mit dir einatmen und nie wieder aus.

Hier kannst du alles raus lassen.

So tun als ob dieser Moment endlos ist. Mit dir bin ich jung und zeitlos.

Ohne dich fühle ich mich so nutzlos, schutzlos.

Es ist kalt hier, aber du bist mein halt.

Lass uns noch einmal so unbedacht tanzen bis unsere Beine brechen, Baby hier sind wir unbewacht.

Es ist dunkel, siehst du die Funken in meinem Augen. Dein Lächeln strahlt überall hin, strahlt rüber zu mir. Es steckt an, Baby lass uns was aushecken.

Zusammenhalten sollten wir.

Abhalten sollten wir all' die negativen Dinge und vor allem unsere Gedanken.

Halte das zurück was dich runter zieht.

Halte das hoch was dich glücklich macht.

Lass es jeden spüren, indem du einfach lächelst.

Ein Lächeln überzeugt alles.

Lächeln tut gut.

Das Leben hat keinen bestimmten Sinn, sondern nur den, den du deinem Leben gibst.

Gib deinem Leben einen bestimmten Sinn.

Stiche die nicht bluten tun mehr weh als andere.

Zeig diesem stechenden Schmerz, dass du stärker bist und es kannst!

Sei nicht irgendwer.

Sei wer.

Wir müssen durchhalten.

Durchhalten müssen wir.

Zusammenhalten sollten wir.

Wir sollten zusammenhalten.

Lass uns doch noch einmal so frei und high fühlen und unsere Hände im Wasser kühlen.

Unsere Sorgen in Alkohol ertränken.

Du musst kein Wort beschränken.

Berge besteigen, nichts verschweigen.

Fleh mich nicht an, sieh mich an!

Bestimme nicht für mich, ich stimme für dich.

Bei mir kannst du so sein, wie du bist.

Ich werde immer für dich einstehen, mit dir in die Hölle reingehen.

Text: Leben geht weiter

Das Leben ist nicht immer gut.

Es gibt Menschen die deine Laune vermiesen wollen und sich einfach über dich lustig machen.

Aber du kannst nicht für jeden perfekt sein und so musst du mit dieser Eigenschaft fertig werde, egal wie schwer es sein mag.

Weißt du was nach dem Tod passiert? Was stellst du dir vor?

Denn viele Menschen werden trauern, weil sie in deinem Leben mit drin hängen. Du hast ein Netz voller Menschen aufgebaut und wenn du stirbst, dann sterben mit dir noch viele andere. Und da wird ein Loch entstehen. Wie soll man das Loch füllen?

Du hättest mit geliebten Menschen reden müssen, denn nach deinem Tod fangen sie an sich zu fragen: "Wie kann man etwas reparieren, wenn man nicht weiß das es kaputt ist?".

Deshalb sollte man nie aufgeben. Es gibt immer einen Weg- immer! Die Gedanken haben und sie umzusetzen ist noch etwas anderes, denn beim Denken kann man sie noch erzählen und therapieren, aber beim Versuch kann dies bereits zu spät sein.

Wenn du glaubst, du kannst die Welt alleine retten, dann muss ich dir sagen dass du dich leider täuschst. Es ist zu utopisch, aber jeder kleine Funken kann Hoffnung bedeuten. Und sich mehr und mehr auf die Umwelt positiv auswirken.

Und jeder Rückschlag muss dich nur stärker machen.

Wir sind Riesen. Jeder einzelne ein Zwerg, aber in der Gesellschaft können wir die größten Berge besteigen.

Du darfst nicht denken, das Suizid der Ausweg ist. Es ist nur die Folge der Ursachen und die muss man bekämpfen!

Selbstmord ist eine Flucht aus dem Hier und Jetzt.

Wir wissen nicht was nach dem Tod kommt- ob überhaupt etwas kommen wird- vielleicht wird das Ganze nur schlimmer.

Es gibt viele Menschen die dir Böses wollen, aber umso mehr Menschen, die etwas Gutes für dich wollen auch wenn du es im ersten Moment nicht denkst.

Du musst deine Sichtweise verändern und so kannst du stückchenweise die Welt verändern. Vielleicht nur in ganz geringen Maßen, aber besser etwas versuchen als es nie probiert zu haben.

Und ein Lachen an Mitfühlende wirkt wunder.

Text: Glückl-ich

Tage überlebt.

Tage erlebt!

Jedes Leben verändert sich.

Von Stunde zu Stunde, Tage vergehen.

Monate ziehen herüber.

Jahre verwehen im Wind. Du lernst neue Menschen kennen, lässt Personen los.

Du wirst stärker, mutiger!

Allein du zeigst dem Leben, wer der stärkere ist!

Es ist dein Lebensweg.

Beim Erklimmen der Spitze ist es normal Umwege zu gehen!

Aber irgendwann kommt man an sein Ziel!

Irgendwann findet JEDER eine Person die ihn glücklich macht!

Du musst dich vor keinem rechtfertigen!

Beweise einfach nur dir selbst, dass du das Leben liebst auch wenn es dich nicht liebt! Zeig deinem Leben den Kehrwert. Finde deine eigene Definition von Glück!

Lass dich nicht von anderen beeinflussen.

Denke an schöne Erinnerungen zurück und hecke neue Pläne aus.

Akzeptiere Dinge die du nicht ändern kannst.

Merke dir einfach auf deinem Weg nach ganz oben, das du nicht dein Umfeld glücklich machen musst, sondern Dich!

Eine Sache die du im Fokus halten solltest und das bist du!

Du bleibst immer bei dir, alle anderen können dich verlassen.

Setze deine Ziele durch und erfülle dir deine Träume und halte dich von niemandem davon auf.

Text: Renn weg

Du rennst. Rennst und rennst.

Ja, wir sind Menschen und folgen unserem Instinkt. Wir wissen nicht immer was wir machen können oder lassen sollten.

Wir müssen uns gestehen, wir rennen vor unseren Problemen davon.

Vor deinen Problemen wegzurennen, ist ein Rennen, das du niemals gewinnen wirst.

Bei dem Versuch es zu schaffen scheitern wir, deswegen laufen wir weg. Wir wollen nicht versagen. Aber warum nicht einfach mal dazu stehen, dass wir etwas nicht geschafft haben?

Du musst dich vor die Probleme stellen von denen du versuchst zu entkommen.

Ich renne verdammt nochmal vor dir weg. Weißt du, ich möchte nicht jeden Tag in dein Gesicht schauen und alle unausgesprochene Worte mir ausdenken. Es mag falsch sein, das ich auch versuche zu entkommen, aber ich möchte mit dir endgültig abschließen und vielleicht hilft nur, dass ich wegrenne? Du bist ein Kapitel in meinem Leben, welches ich nun zerreiße und in den Papierkorb schmeiße. Ich renne also vor dir weg um neu anzufangen. Ist das auch nur verdrängen oder damit abschließen? Und was, wenn ich bleibe? Kann ich dann damit abschließen? Oder trauere ich etwas hinterher was es nie gegeben hat?

Ich habe immer zu viel in dich hinein interpretiert, denn eigentlich warst du all das nicht was ich mir ausmalte. Du warst ein leeres Einmachglas, wo ich lediglich Feenstaub hinein füllte.

Mittlerweile habe ich mit dir abgeschlossen, das Kapitel endgültig zu Ende geschrieben.

Ich öffne neue Türen und gehe neue Wege.

Text: Veränderung

Das Leben ist eine Reise.

Eine Reise mit Veränderungen.

Tag täglich bist du Veränderungen ausgesetzt.

Wenn du eine Schiffsreise machst, du bist dem endlosen Meer mit all seinen Tücken unterworfen.

Du musst Veränderungen zulassen. Sie hinnehmen wie sie kommen.

Es geht nicht darum dem Leben mehr Tage zu geben, sondern den Tagen mehr Leben. Das ist das einzige was zählt, ändere dein Leben so, dass du den Tagen mehr Leben schenkst.

Veränderungen können einen verzweifelt machen, weil man überfordert ist, aber lass dich auf Neues ein, gebe der Veränderung eine Chance.

Du kannst dein Leben ändern.

Oder dein Leben verändert dich.

Von all unseren Problemen die uns tagtäglich verfolgen wissen wir gar nicht mehr wer wir eigentlich sind. Fang an dein Leben zu verändern, bunt zu gestalten.

Text: 2 Seiten

Unsere Welt fährt Achterbahn, wir sitzen in der ersten Reihe, jubeln und schreien.

Unsere Welt fährt immer höher, Immer krasser.

Der Regen wird immer nasser.

Jeder Mensch hat 2 Gesichter sowie es Tag und Nacht gibt. Wenn man aus dem Haus geht, setzt man seine Maske auf- ungewiss.

Und du als Außenstehender siehst lediglich das Lächeln auf den Lippen, aber schau mal in die Augen Lächeln diese auch? Man kann innerlich heulen und von außen siehst du nur die Lippen die sich zu einem Lächeln verformen. Paradox nicht?

Viele Menschen zeigen ihre zweite, düstere, traurige, verzweifelte Seite nicht in der Öffentlichkeit und wenn, kommen sofort alle zu einem und tun auf "beste Freundin".

Sie bemitleiden dich, schenken dir viel Aufmerksamkeit, aber das willst du alles gar nicht und deswegen weinst du nur in deinen Gedanken.

In unserer Gesellschaft wird Gefühle zeigen verpönt und schnell als Aufmerksamkeit erhaschen angesehen.

Aber heul wo und wann du willst! Gefühle zeigen ist ein Zeichen von Stärke.

Text: Müde

Ich fühle diese unendliche Müdigkeit. Ich schleppe mich von einem Ort zu dem anderen um letztendlich nichts zu erreichen. Jahrelang ist es nicht mein Tag und mein Ziel ist es abends wieder im Bett zu liegen und wieder das Gefühl zu haben nichts geschafft zu haben. Ich könnte auf der Stelle einschlafen, aber man tut es nicht denn man kann beobachtet werden. Ich schüttle mich automatisch. Meine Augen tun mir vom ständigen Aufhalten weh. Ich habe keine Kraft um mich zu konzentrieren, freuen oder sonst jegliche Gefühle von Positivität zu zeigen.

Du hoffst das der Tag ganz schnell vorbei ist, denn das einzige was du möchtest ist schlafen. Und schnell hat man den Gedanken, dass alles aufhören soll. Es wird sich ganz bald alles verändern, irgendwie eine Erleichterung, aber viele andere Menschen werde ich lange vermissen. Erst gewöhnt man sich an alles und dann wird man aus allem raus gerissen.

Dieses Gefühl von Müdigkeit zeigt dir deine Kraftlosigkeit für Alltagsaktivitäten. Der Wunsch 24/7 zu schlafen wächst immer und immer mehr in dir drin, wie ein Baum wächst.

Text: Alles dich hinterlassen

Du musst Dinge in deinem Leben hinter dich lassen so, als wenn du in einem Bus sitzt. Der Bus an dem einen und dem nächsten Baum vorbei rauscht. Das Leben ist eine ewige Busfahrt bis der Punkt kommt, an dem du in deinem Leben aussteigen musst. Menschen werden dich verlassen und leider auch in den Himmel fliegen. Du kannst es nicht verhindern, einfach annehmen. Mag die Busfahrt noch so enge Kurven und steile Klippen besitzen, bleib in der Mitte und konzentrier dich darauf!

Du musst anfangen die Vergangenheit hinter dich zu lassen, die Gegenwart zu akzeptieren und die Zukunft liegt in den Sternen. Die Zukunft musst du auf dich zukommen lassen. Denk immer daran, du kannst nichts erzwingen.

Du kannst über die Vergangenheit nachdenken, aber wenn sie dich beeinflusst, belastet sie dich.

Sie belastet dich und macht dir dein Leben unnötig schwer. Du bist dafür verantwortlich wie deine Busfahrt verläuft entweder du bist frei von Gedanken oder du grübelst ständig über die Vergangenheit nach. Du kannst dir tausend Stolpersteine in den Weg legen, aber dir auch freie Bahn schaffen.

Sei dein eigener Wegweiser.

Nachwort

Das Niederschreiben dieser Gedanken und Fantasien half mir durch die schwierigen Jahre der Pubertät und der Veränderungen.

Im Laufe der Zeit mit vielen Umwegen konnte ich meinen richtigen Weg einschlagen.

Das Leben ist nicht immer dein Freund, aber du kannst versuchen es anzunehmen und dich selbst zu deinem besten Freund machen, da es am wichtigsten ist sich zu akzeptieren und zu lieben.

Platz für deine Gedanken in schwierigen Zeiten:

MIX

Papier | Fördert
gute Waldnutzung

FSC® C083411

Zeitfracht Medien GmbH
Ferdinand-Jühlke-Straße 7
99095 Erfurt, Deutschland
produktsicherheit@kolibri360.de